SUITE
AU NOUVEAU PLAN
D'ÉDUCATION,

POUR FORMER DES HOMMES INSTRUITS ET DES CITOYENS UTILES.

SECONDE DISSERTATION,

Sur la nécessité que les Mères nourrissent elles-mêmes leurs Enfans.

PAR M. CARPENTIER,

Maître ès-Arts de l'Université de Paris, & Professant la Géographie, l'Histoire & les Langues, rue Mauconseil, vis-à-vis le Cloître.

Prix, 1 liv.

A PARIS,

Chez { l'Auteur, rue Mauconseil.
{ les principaux Libraires, tant de Paris que du
{ Roiaume.

M. DCC. LXXV.

Avec Approbation & Privilège du Roi.

Bien des gens feraient peut-être fort aiſes d'adopter le Plan d'éducation que j'ai fait pour mon fils, ſi ils pouvaient faire exécuter ce plan chez eux. J'en procurerai des moïens faciles & même peu diſpendieux, à ceux qui, m'honorant de leur confiance, voudront prendre des Inſtituteurs ou Précepteurs particuliers de mon choix, ou s'en choiſir, qui veuillent bien ſe ſoumettre à mes avis.

Ceux qui voudront avoir réguliérement & auſſitôt qu'elles feront ſorties de deſſous la préſſe, chacune des Diſſertations ſervant de ſuites au nouveau Plan d'Éducation, pourront s'abonner chez moi, *rue Mauconſeil, la prémière porte cochère à droite, en entrant par la rue Saint-Denis.*

AVANT-PROPOS.

Les suffrages que les honnêtes gens veulent bien donner au Plan d'éducation, que j'ai fait pour mon fils, & à ma Dissertation sur les Langues qu'on doit faire apprendre par préférence, dans un cours d'éducation raisonné, m'engagent (malgré mes occupations très-multipliées) à tenir au Public la promesse que je lui ai faite dans cette Dissertation & dans ce Plan. Je donnerai donc à l'avenir, tous les mois, une petite Brochure pareille à celle-ci, pour développer tant l'excellence & l'utilité de mes vües, que la possibilité de l'éxécution de mon vaste Plan, pour tout Instituteur, qui voudra sur-tout se borner à un petit nombre d'élèves de même âge.

Je continuerai, dans ces mêmes Brochures, de montrer les abus de l'éducation en vogue. Je répondrai aux justes observations qui m'ont été faites, par plusieurs personnes de la plus haute distinction, sur l'époque trop reculée, où doit finir tant l'institution de mon fils, que celle des cinq à fix enfans que je me propofe d'élever & faire élever avec lui; & pour lefquels j'ai borné le prix de la penfion à 800 livres par an. Je ferai voir que mon intention n'eft pas de garder chés moi mon fils, ni les enfans qui me feront confiés, jufqu'à l'âge de vingt-un ans; mais feulement de fuivre leur éducation jufqu'à cet âge: ce que j'affure pouvoir faire auffi-bien de loin que de près; les aïant eu fous ma conduite, jufqu'à feize à dix-fept ans. Quoique mes fix à fept élèves (nombre auquel je me bornerai, comme je l'ai annoncé dans mon Plan d'éducation) pûffent, ayant fuivi mes principes pour les autres Langues, apprendre feuls la Langue Latine, & en peu de tems; je fuivrai cependant les avis de bien d'honnêtes gens à ce fujèt. J'introduirai donc chés moi l'étude de la Langue Latine, immédiatement après celle de la Langue nationale; & j'ofe avancer que mes jeunes élèves finiront par ma méthode, cette étude en deux ou trois ans tout-au-plus; en y donnant deux heures par jour.

Ne défirant rien tant que de me rendre utile au plus grand nombre poffible de mes concitoïens, je continue mes Leçons publiques d'Orthographe françaife & autres. Je ne peux pas mieux tranquilifer les perfonnes de l'un & de l'autre fexe fur les progrès rapides qu'on peut faire dans l'Orthographe & dans l'étude de fa Langue, fur-tout à certain âge, qu'en m'engageant à ne rien prendre, ou à rendre ce que j'aurai reçu, à quiconque de mes élèves ne fera pas en état, après fix mois de mes leçons, d'écrire correctement & fous la dictée.

Je continuerai de procurer *gratis* à tous les honnêtes gens, la lecture du Plan d'éducation que j'ai fait pour mon fils, & les Brochures y fervant de fuites; à la fin defquelles fe trouvera un Plan d'éducation nationale. Je les enverrai franches de port & de rapport, dans toutes les maifons à porte-cohère, avec ordre d'en laiffer un éxemplaire à chaque maître; & j'aurai chés moi une perfonne chargée de communiquer au Public tout ce qu'il y aura d'imprimé, sur cette importante matière. Mais je prie ceux qui voudront garder ces Brochures, d'être éxacts à en païer le prix, qui sera marqué sur le frontispice; & ceux qui ne voudront pas les garder, de les faire remettre à leur porte le troisième ou quatrième jour, après qu'il les auront reçues; pour que je ne sois pas obligé à multiplier des démarches dispendieuses. Les gens de qualité qui seraient à la campagne, & à qui on ferait également parvenir ces Brochures, sont priés de les faire remettre dans le mois à leurs portes, ou le prix porté sur le frontispice.

J'observerai, par rapport à certaines personnes, qui pourraient donner une mauvaise interprétation à mon désintéressement & à mes vues, que mon intention, en faisant imprimer & distribuer à gros frais mes réfléxions & mes Ouvrages dans le genre didactique, n'est ni de m'enrichir, ni d'offenser, ni de séduire personne. Tout mon desir est d'être lû, & non d'être vendu; d'être examiné, & non d'être applaudi; d'être jugé Citoïen, & non perturbateur de l'ordre. Si je me trompe dans certains cas, par trop de zèle pour ma patrie, je ne peux ôter à perfonne le droit de redreffer mes erreurs, ni la faculté de dire & de faire mieux que moi. Bien moins puis-je encore empêcher le public de juger, qui de moi ou de quiconque a des fentimens contraires aux miens fur cet objet, a raifon ou tort. La fimple expofition de ce que je crois avoir remarqué de bien ou de mal, dans une partie qui intéreffe le plus les familles & l'Etat même; celle de mes moïens, pour corriger dans cette même partie, des abus qui n'éxiftent que trop véritablement & pour le malheur de l'humanité, ne peuvent me procurer pour ennemis, que de chétifs individus; dont le génie rétréci ne peut fouffrir ni qu'on quitte l'athmofphère, ni qu'on ofe concevoir d'autre horizon que l'horizon fenfible. Je ne fuis fait ni pour donner des Loix à ma chère Nation, ni pour la réformer. Je le fais bien: mais comme membre de cette Nation, j'ai le droit de penfer à ce qui peut confolider fon bonheur & fa gloire; & comme homme, j'ai même celui de me tromper fur les moïens. Penfés & trompés-vous, dira-t-on; mais n'étourdiſſés pas le public de vos erreurs. Un moment, répondrai je à quelques perſonnes. Vous êtes dix qui voulés que je me trompe; mais dix mille veulent que je ne me trompe pas; & j'offre à démontrer par l'expérience, qu'effectivement je ne me trompe pas; que notre éducation n'eſt qu'un vain mot, qui n'exprime aucune idée; qu'on peut faire de nous tout autre chofe que ce qu'on en fait dans l'efpace immenfe de tems emploïé à ne nous rien apprendre. Me pouſſés-vous plus loin? continués-vous de défapprouver mes idées & de les foutenir fauſſes? Eh bien! ne me lifés pas.

N. B. *Ma Méthode pour la Langue Latine eſt actuellement fous preſſe. On obfervera que ma Grammaire françaife eſt indifpenfable à ceux qui veulent faire ufage de ma Méthode pour le Latin.* Elle forme un Vol. *in-8°*, qui fe vend 5 liv. broché.

ABUS

DE L'ÉDUCATION ACTUELLE,

ET

MOYENS DE LES RECTIFIER.

SECONDE DISSERTATION,

Sur la néceſſité que les Mères nourriſſent elles-mêmes leurs Enfans.

IL y a ſur-tout deux âges dans la vie, qui requièrent beaucoup de ſoins. Ce ſont l'enfance & l'adoléſcence.

L'enfance, qui n'eſt qu'une privation d'éxiſtence, par rapport à la ſociété, doit, d'un autre côté, êtreconſidérée comme l'âge le plus important, pour nous apprendre à éxiſter à l'avenir, d'une manière honnête & utile.

L'adoléfcence , tems où les paffions commencent à fe développer, a befoin des principes qu'elle a reçu dans l'enfance; pour pouvoir fe conferver pure, & d'en acquérir de nouveaux; qui avec les prémiers, la mettent à portée de bien remplir le refte de la carrière.

Les principes de l'enfance font donc les pièces, qui fervent de bafe & de foutien à l'éducation; conféquemment ce prémier âge de la vie, ne doit pas à beaucoup-près être négligé. Ceux de l'adoléfcence en font l'édifice; auquel l'étude, la fréquentation des perfonnes fages & la bonne compagnie mettent le comble dans un âge plus avancé: & l'heureux concours de toutes ceschofes, fait feul ce qu'on doit appeler l'éducation proprement dite.

Pour procéder avec quelqu'ordre, dans la tâche que je me fuis impofée, de paffer en reviie tous les vices de l'inftitution actuelle, & d'indiquer les moïens de les rectifier; je dois prendre l'éducation dès fon commencement; c'eft-à-dire, confidérer l'homme à élever , dès l'inftant de fa naiſſance: & je diſtinguerai ici, tant par rapport à ce prémier âge qu'à ceux qui le ſuivent, deux ſortes d'éducations; l'une phyſique, qui regarde le corps & ſa bonne conſtitution; l'autre morale, qui a pour objèt l'eſprit & ſes opérations.

Les prémiers ſoins corporels de l'enfance bien adminiſtrés, ſont le fondement de la force & de la vigueur de tous les âges ſuivans; comme les principes de ce prémier âge ſont la baſe & le ſoutien de tous les âges qui y ſuccèdent. Cette vérité eſt reconnue & avouée de tous les Philoſophes. La force & la vigueur du corps, dans les différens âges, eſt le fondement de la force & de la vigueur de l'eſprit, ou des facultés morales. Donc la bonne éducation phyſique doit être conſidérée comme la baſe la plus ſolide de l'éducation morale. En effèt, quel parti tirerésvous de l'eſprit d'un enfant ou d'un jeune homme valétudinaire? Aucun, ou preſqu'aucun. Pour n'avoir rien à déſirer dans un ſujèt qu'on veut élever; pour être fondé à en concevoir les plus grandes eſpérances,

il faut qu'on y rencontre ce que dit Juvé-
nal, dans sa dixième Satire: un esprit sain
dans un corps bien portant; *mens sana in
corpore sano*: & pour concourir à lui procurer ces deux avantages, qui renferment
implicitement tous les autres, tant de l'esprit que du corps; c'est spécialement à son
éducation primitive, tant physique que morale, qu'il faut s'appliquer. La primitive éducation physique est totalement manquée, pour
les trois quarts & demi des honnêtes gens de
ma Nation; & la primitive éducation morale
n'y vaut pas mieux: c'est ce qu'il s'agit de
démontrer, & ce qui ne sera pas difficile.

Une femme honnête se serait bien gar-
dée, chés les anciens Romains, de confier
son enfant, aussi-tôt qu'elle l'avait mis au
monde, aux soins d'une Nourrice gagée.
Elle aurait cru n'être mère qu'à demi, si
(comme nos Dames Françaises) elle n'eût
fait qu'enfanter & abandonner aussi - tôt
son fruit, pour-ainsi-dire, à la première
venue, pour l'allaiter & l'élever. Elle aurait
rougi, d'avoir nourri de son sang & dans
ses entrailles, quelque chose qu'elle ne

voïait pas; & de ne point nourrir du lait
que la Nature ne lui avait donné qu'à cette
intention, un homme naiſſant qu'elle
voïait éxiſter par ſon moïen. Elle ſe ſerait
imaginé, avec raiſon, ne pouvoir jamais
aſſés bien confier un dépôt ſi précieux.
Elle aurait cru que perſonne n'aurait jamais pu la remplacer, pour les attentions &
les ſecours, qu'un enfant de cet âge, ſemble
ne devoir attendre que de ſa mère ſeule.
Elle l'élevait donc dans ſon giron, & l'al-
laitàit de ſon propre ſein.

La femme de Caton même, & les autres
de la plus grande qualité, ne ſe diſpen-
ſaient pas de ce précieux devoir. Un Auteur
ancien obſerve, qu'il ne fallait pas moins
que quelqu'affaire preſſée & importante
de la République, pour empêcher Caton
d'être préſent, toutes les fois que la mère de
ſon fils l'allaitait & l'emmaillotait. Quelle
horreur! s'écrieront ici bien des Françaiſes,
& ſur-tout nos petites-maîtreſſes (1); quoi

---

(1) Je diviſerai ici a ſomme totale de nos Dames
Françaiſes en deux claſſes : l'une de celles qui ont une
âme, des principes & de la pudeur; c'eſt la claſſe des

l'époufe de Caton, femme de la première diftinction de Rome, n'avait point de remueufes à fes ordres?.... *Non....* elle en faifait elle-même les fonctions?... *ouï...* *elle changeait elle - même , nétoïait ; &* (*puifqu'il faut vous le dire*) *la vertueufe époufe de Caton,* ébernait *elle-même fon enfant....* Qu'elle l'ait nourri, cela peut fe croire, fur-tout fi elle était affez forte;

---

femmes honnêtes : l'autre, de celles qui n'ont aucune de ces trois chofes ; c'eft la claffe des femmes mal-honnêtes, de laquelle on peut en tirer une troifième, qui fera celles des malhonnêtes femmes. Perfonne dans le monde, ne réfpècte plus que moi la prémière claffe. Elle fait le charme de la Société , & le bonheur de l'humanité. Elle forme les hommes, les mène à la vertu & à toutes les belles actions. La feconde, avec fa fous-divifion, ne doit pas prétendre à un grand réfpèct, ni même à de grands ménagemens, de la part d'un Citoïen Philofophe. Elle ne fert qu'à déranger l'ordre , & n'eft qu'une fource impure de vices. Je fupplie l'une , de me pardonner quelques forties un peu fortes contre la feconde ; en vertu du motif qui me fait agir. Il eft qnéftion de réformer les abus de l'éducation ; & les femmes en général, doivent nécef-fairement entrer pour beaucoup dans cette befogne ; puifque la primitive éducation tombe prefque nécef-fairement, & comme de droit, dans leurs mains.

mais l'avoir remué, l'avoir emmailloté, l'avoir.... oui, oui, elle s'acquittait elle-même de tout ce que je viens de vous dire... vous infiſtés encore... elle n'était pas faite pour cela, dirés-vous... femme-lettes méprifables, répondrai-je, vous me pouſſés à bout. Elle était faite pour être mère; puifqu'elle l'était en effet: & confé-quemment, pour remplir tous les devoirs, qu'impofe cette douce qualité, dont vous ignorés & l'excellence & les obligations. Mais, dirais-je encore, fi je me croïais, à certain nombre de nos belles Dames: com-ment avés-vous pu aſſés, vous, oublier votre inſtitution, & les vües de l'Etre fuprême en vous créant, pour penfer, pour agir; comme fi vous n'étiés nées; comme fi vous n'étiés faites que pour la coquetterie, les amufemens, les jeux, & les intrigues ga-lantes?

Par quels principes affreux la plus grande partie d'entre vous, cenfurent-elles; con-damnent-elles ce que les autres, par un reſte de vertu, peuvent encore faire pour leurs maris, pour leurs enfans ou pour leur ménage? Celles enfin qui ſe piquent encore de quelque fidélité aux devoirs, qui leur ſont préſcrits par les Loix divines & humaines?

Telle eſt la corruption du ſiècle, amenée par le défaut d'éducation ſur-tout des femmes. Grand nombre d'entr'elles blâment, comme s'écartant du ton *de la bonne compagnie*, celles qui s'aviſent de s'occuper dans leurs maiſons, d'autres choſes que de galanterie, de jeu, de chiffonsj, de parures ou autres futilités. La bonne compagnie! que celle où on ſe fait, pour-ainſi-dire, une obligation de prévariquer contre tous les devoirs de la Nature & de l'honnêteté! où on meſure le mérite d'une femme engagée par des liens indiſſolubles, ſur la quantité de ſes adorateurs, ſur le nombre de ſes piliers de toilette! où par un excès de déréglement affreux, on pouſſe quelquefois l'impudence, juſqu'à tirer vanité de mépriſer, de violer hautement des engagemens contractés à la face du ciel & de la terre! Les paſſions effrénées ſont devenües les ſeules lois ſuivies dans la ſociété de

quelques-

quelques-unes de nos Dames. Le ftupre y tient lieu de préceptes, & décide de la confidération qu'on y accorde. Il arrive de là que des héritiers intrus, engloutiffent les trois quarts & demi du patrimoine des fuccéffeurs légitimes.

Dans quels païs du monde de pareilles maximes ont - elles pris avant nous? Où pourront-elles avoir quelque vigueur, finon dans des âmes guidées par la fougue du libertinage & de la débauche; qui n'ont jamais eu la moindre idée des principes de la Morale? S'il fe rencontre dans ma Nation un fi grand nombre de ces âmes perverfes , dont le défordre caufe fouvent celui des maris, & la ruine des familles; c'eft au mauvais fyftême d'éducation feul, à qui on doit s'en prendre. Je ferai voir, dans une Differtation particulière, combien nous avons tort de négliger entiérement celle des femmes, comme nous le faifons; je ne fais par quel motif; & j'efpère démontrer que les conféquences qui réfultent de cette négligence, font auffi funéftes à la République, que celles d'une inſtitution généralement mauvaiſe pour les hommes.

Les peuples les plus ſauvages ſe font une obligation très-étroite, de n'abandonner ceux à qui ils ont donné l'éxiſtence, qu'après avoir nourri & ſoigné leur premier âge; qu'après leur avoir appris à ſe procurer les choſes néceſſaires à la vie, & à ſavoir prendre eux-mêmes le ſoin de leur conſervation. Ce ſont les mères qui allaitent leurs enfans, dans ces païs, que nous nommons *Barbares*. Ils ſeraient bien plus fondés à nous donner cette épithète, que nous ne le ſommes à la leur conſerver. Les femmes de ces Sauvages entrent pour leur part dans l'éducation de leurs enfans, qui ſe borne aux documens néceſſaires pour les mettre à portée de ſavoir ſe faire ſubſiſter. Les femmes de ces Sauvages concourent à tout ce qui peut procurer dans les cabanes, & l'aiſance & le bon ordre. S'en trouve-t-il beaucoup parmi elles, qui, comme dans nos Nations policées, ſe feraient honneur de violer ouvertement les nœuds de l'union conjugale? Non. Encore un coup, nos maximes fur cet objèt, n'auront jamais de crédit que chés les peuples, dont on aura gâté le fond par une culture mal aſſortie. On remarquait chés les Scythes, peuple barbare, ſorti des Palus Méotides, une ſageſſe & une modération à toute épreuve; & ces honnêtes gens étaient ce que la Nature les faiſait. On admirait la ſimplicité & la régularité de leurs mœurs. Les belles-mères n'y cherchaient point à enrichir leurs enfans aux dépens de ceux d'un premier lit. Les femmes y avaient un tel attachement pour leurs époux, & un éloignement ſi grand pour tout autre, qu'elles regardaïent la mort comme le vrai ſalaire de l'infidélité. Ces femmes nourriſſaient leurs enfans, & rempliſſaient à cet égard toutes les autres fonctions de mères (1). Ainſi, comme le

---

(1) Illic matre Carentibus
Privignis mulier temperat innocens;
Nec dotata regit virum
Conjux nec nitido fidit adultero.

Dos eſt magna parentium
Virtus, & metuens alterius viri

remarque un Auteur, l'ignorance des vices produit fouvent d'auffi heureux effèts chés les hommes, que la connaiffance de la vertu ; & c'eft fur-tout quand cette connaiffance n'eft point accompagnée de principes qui nécéffitent à la pratiquer.

Je reviens aux anciens Romains. Les enfans étaient chés eux, tous fains & vigoureux : il ne s'en trouvait prefque point d'eftropiés ; parce que leurs mères qui les allaitaient & qui les changeaient elles-mêmes de langes ; avaient foin d'apporter en les remuant, toutes les précautions poffibles, pour que leurs tendres membres ne fûffent ni foulés ni gênés. Doit-on attendre, peut-on même efpèrer une égale attention de la part des nourrices & des remueufes à gages ? Ces enfans avaient une nourriture analogue à leur compléxion & à leur tempéramment, une nourriture deftinée & préparée pour eux dans le fein

---

Certo fœdere caftitas.
Et peccare nefas, aut prætium eft mori.
Horat. *lib.* 3.

de leurs mères. Ce lait étranger qu'on donne au plus grand nombre des enfans de cette Capitale sur-tout, est trop fort ou trop faible, trop calleux, ou trop aqueux, communément trop vieux, souvent gâté. En un mot, ce n'est point le lait de leurs mères. Il ne peut pas plus leur convenir, que les soins qu'on leur administre. Ils en font trop souvent preuve, quand on les ramène à la maison paternelle. Cette preuve se confirme encore davantage à mesure qu'ils grandissent.

Combien d'enfans Parisiens ne voit-on pas être noués, bancaux, languissans, cacochymes? Combien qui meurent dès leur plus tendre enfance? Combien de herniés? Combien de mal-faits? S'ils deviennent hommes; combien n'en voit-on pas de rachétiques à la fleur de leur âge? La plupart de ces accidens innombrables viennent de ce que ces petits malheureux, qui continuent de l'être étant grands, ont été confiés en naissant à des étrangers, pour les nourrir & pour les soigner.

L'homme, dit Pline, ne commence à

ſentir qu'il éxiſte, que par les maux auxquels il eſt d'abord ſujèt, & par les ſupplices au milieu deſquels il ſe trouve dès en entrant au monde; ſans avoir commis d'autres crimes que celui d'être né. Les maladies communes à tous les êtres de ſon eſpèce, dans quelque tems de la vie qu'on les conſidère, ſont plus ſpécialement encore le partage de ſa tendre enfance; à cauſe de la faibleſſe de ſa conſtitution & de la délicateſſe de ſes organes. Cette faibleſſe de conſtitution, & cette délicateſſe d'organes, maintiennent alors bien plus difficilement que dans les âges ſubſéquens, l'harmonie nécéſſaire des ſolides & des fluides. Un rien, dans ce petit être faible & naiſſant, peut y cauſer les plus grands déſordres, déranger cette harmonie précieuſe & indiſpenſable à la ſolidité de ſon éxiſtence. Mille de ces riens, dont un ſeul peut cauſer ſa mort, ſont à craindre par jour, pour un enfant entre les mains d'une nourrice à gages. Le défaut d'analogie entre la conſtitution de cette nourrice & la ſienne: le manque de ſoins de cette nourrice vénale & précaire ; la mauvaise manière d'administrer ces mêmes soins, &c. tout doit faire trembler des parens jaloux de conserver leur progéniture, & de revivre dans ceux à qui ils ont donné l'éxistence. Tout devrait, ce me semble, engager le Gouvernement à porter la sagesse de ses regards sur cet objèt, & à forcer les mères de remplir la première de leurs obligations (celle de nourrir elles-mêmes leurs enfans) à moins qu'elles n'eûssent les plus fortes raisons pour s'en dispenser.

Je ne fais pas encore ici ma cour aux petites femmes, qui n'occupant leur petite imagination, que d'amusemens & de jouissances ; me détesteraient sans doute de tout leur cœur, si je parvenais seulement par mes écrits, à insinuer l'idée de les forcer à quelques privations, pour les faire rentrer dans l'ordre naturel. Mais je suis bien dédommagé d'avance d'une haine que je mépriserais, par le suffrage & l'approbation de toutes les femmes raisonnables & honnêtes, qui daigneront prendre la peine de me lire. Celles-là m'approuveront à coup sûr,

Mesdames (dirai-je aux premières, dont l'approbation ou la désapprobation m'est également indifférente) vous avés vu plus haut comme se conduisent les peuples barbares à l'égard de leurs enfans : éxaminons maintenant ensemble, comment les bêtes les plus féroces se conduisent par rapport à leurs petits. Quittent-elles leur ventrée? La Lionne, par exemple, abandonne-t-elle ses petits lions encore faibles, pour aller chercher dans le fond des forêts, des plaisirs que ses devoirs de mère lui interdisent? Allés au fond de la Tartarie Chinoise; allés chés les peuples les plus sauvages, apprendre à pratiquer l'humanité, première de toutes les vertus. Allés apprendre à l'exercer au moins envers ce que vous devés avoir de plus cher au monde; allés l'apprendre des animaux mêmes.

Il n'est pas dans nos mœurs, diront quelques raisonneuses, que nous prenions sur nous la charge de nourrir, d'allaiter nos enfans; & vous le savés - bien. Vous n'étes pas le premier qui traitiés cette matière. A quoi servent des redites inutiles?

N'efpérés - vous pas changer les maximes reçües, & être le réformateur du genre humain? Pauvre homme! faut - il encore vous en dire davantage? Eh bien, la plupart d'entre nous ne fe difpenferaient peut-être point de l'obligation de nourrir leurs enfans, fans la crainte de manquer aux bienféances d'ufages! C'eft auffi cette même crainte, puifqu'il faut vous l'avouer, qui nous empêche de prendre chez nous les rênes de notre ménage, & d'être enfin en tout comme ces vertueufes Romaines, dont vous nous parlés avec tant de vénération & d'emphafe. Nous ne fommes plus dans ces fiécles reculés, où les Princeffes mêmes entraient chés elles, jufques dans le moindre détail de leurs dépenfes, fe levaient de grand matin, pour prendre leurs quenouilles; filaient elles-même les habits de leurs maris; diftribuaient la tâche à leurs fervantes, allaient à la rivière à côté d'un chariot chargé de linge, & le lavaient avec leurs filles d'honneur; pendant que leurs époux étaient occupés à la guerre ou à des travaux du dehors. Les bienféances modernes, ajouteront-elles, nous ont fait ce que nous fommes. C'eft fur elles feules que doit retomber votre critique. Nous ne devons point, nous ne pouvons pas même y manquer, fans nous expofer à encourir le blâme, en voulant avoir l'air de nous diftinguer.

Voilà des bienféances bien ridicules, qui vont à difpenfer les femmes des devoirs les plus facrés; qui les éxemptent de prendre le gouvernement de leurs maifons; quand il eft prouvé que de leurs foins dépendent abfolument l'aifance & la profpérité des familles; qui les autorifent à la plus affreufe des prévarications contre les réfpéctables fanctions de la Nature! Quoi, cette Nature vous prefcrira à toutes, fans diftinction de rang ni de naiffance, d'allaiter & foigner vous-mêmes vos enfans! Elle ne pourra vous notifier plus formellement fes intentions à ce fujèt, que par les maux de toute efpèce, que par les infirmités de tout gunre, dont elle accable fouvent celles qui ofent fe fouftraire à cette obligation facrée; enfin que par la mort prématurée de ces enfans, qui doivent être les objèts de votre complaisance, que par la vôtre même : & vous suivrés plus long-temps au détriment de ces loix, des bienséances extravagantes? Des bienséances qui, comme le dit fort sagement un Auteur, ttansforme votre sexe, né pour nous seconder dans les travaux de la société, & dans les besoins de la vie; en d'inutiles compagnes, qui ne servent plus qu'à multiplier ces travaux & ces besoins, au lieu de les partager : des bienséances qui font de plusieurs, des co-quettes méprisables, dont on paie cher pendant le cours d'une longue union, les frivoles agrémens par lesquels elles ont séduit : des bienséances qui mènent infailli-blement à la prostitution plusieurs d'entre vous; parce que rien n'est plus dangereux que le désœuvrement auquel, par ces bien-séances ridicules, se trouve réduit votre sexe; dont l'esprit très-actif, doit naturel-ment être occupé du mal, quand il n'est pas occupé du bien. De-là, ces lectures de Romans, livres ordinairement si propres à corrompre vos cœurs, ou à vous donner des fausses idées de la vertu. De - là ces petites fociétés, où il n'eft queftion que de jeux, de plaifirs & des moïens de les diver-fifier. De-là cet emploi de tems fi confidé-rable à l'attiferie & à la parure. De-là cet amour du luxe; cette perpétuelle mutation de modes, cette multitude d'habits, &c. &c. &c. &c.

On aurait pourvu à l'entretien de toutes les femmes Romaines, avec ce qu'il en coûte par année, pour une petite-maîtreffe Pari-fienne (1).

---

(1) Quand le prix, tant des ajuftemens que des habits & des carroffes d'une Dame Romaine excèdait quinze mille *as*; c'eft-à-dire, 15000 livres de notre monnoie; les Cenfeurs publics, l'impofaient à une forte amende, qu'elle était obligée de paier. Il y a chés nous plus d'une petite bourgeoife, & fur-tout plus d'une Courtifanne du haut ftile, qui dépenfent beaucoup mieux que cette fomme, feulement en fu-perfluités de ce genre.

Dans le fixième fiècle de la fondation de Rome, la dépenfe de tous les Citoïens était réglée par des Lois qu'on nommait *Somptuaires*. Les mêmes Cenfeurs, dont je parlais à l'inftant, veillaient le plus fcrupuleu-fement à ce que ces Loix euffent leur entière exécution. La naiffance, les dignités & les biens de la fortune, ne difpenfaient perfonne de s'y foumettre. Tout était

D'autres marâtres, qui métaphyſiquent moins ſur des bienſéances frivoles, diſent qu'elles ſont d'une *conſtitution*, d'une

---

fixé par ces Loix : les vêtemens, la table, le nombre des convives qu'on pouvait inviter, ſelon ſa poſition & ſon état; & même les frais de funérailles. Il étoit défendu aux Dames Romaines, par une de ces Loix, nommée *Oppia*, de porter des habits de différentes couleurs; d'avoir dans toutes leurs parures plus d'un once d'or, & de ſe faire voiturer à plus près de Rome que d'un mille; à moins que ce ne fût pour aſſiſter à quelque Sacrifice. Quelle comparaiſon pouvons-nous établir entre ces ſages mœurs & les nôtres; nous qui nous ſommes dits long-tems les copiſtes des Romains ? Le luxe eſt pouſſé chés nous à un tel excès, qu'on aurait peine à diſtinguer, dans nos promenades publiques, les petites Marchandes d'avec nos Dames de la première qualité, & la petite ouvrière, de la meilleure bourgeoiſe, ſur - tout par la parure. Prèſque toutes nos femmes ne ſe croient miſes, qu'autant qu'elles ſont couvertes des plus riches étoffes, & des pierreries les plus précieuſes. Il n'y a pas juſqu'à telles épouſes de Laquais, qui ne ſe crûſſent déshonnorées, s'il fallait ſortir ſans diamans. L'honnête-homme, utilement occupé, ne ſaurait faire deux pas dans cette Capitale, (quoiqu'immenſe par ſa grandeur) ſans être éclabouſſé, ſans être arrêté par la foule de carroſſes qui traînent d'une rue à l'autre, l'ennuieux & importun déſœuvrement d'un tas de gens inutiles; de gens pour la plupart ſortis d'hier de la pouſſière & de l'obſcurité par quelqu'in-

tempéramment trop faible , d'une *santé* trop délicate pour entteprendre de nourrir: que cette entreprise les exposerait à trop

---

trigue galante , ou par quelque crime : de femmes dont la fortune rapide a souvent été le prix de leur honneur , de celui de leur mère, ou de l'improbité de leurs ancêtres ; d'hommes qui se sont enrichis dans le torrent des passions, en assouvissant les leurs autant qu'ils ont pu , & en favorisant celles des autres : de femmes & d'hommes qui avec quelques restes de pudeur , devraient bien plutôt aller jouir dans quelques coins à l'écart, du produit de leur turpitude & de leurs crimes , que d'embarrasser Paris par leur déshonorant étalage , qui n'en impose à personne.

Encore deux mots sur le faste poussé jusqu'à l'impudence dans cette Capitale. Six coursiers des plus fringans & des plus richement caparaçonnés , viennent devant moi en fendant l'air avec une rapidité qui l'emporte sur le vol des oiseaux. Ils traînent un char aussi brillant que celui du Soleil, qui nous est peint par les Poëtes. Je regarde en me serrant contre la muraille ; & j'apperçois au fond de ce char pompeux, une figure de femme, dont la tête jette des ondées éblouissantes : je m'informe ; on me dit que c'est la fameuse Courtisanne N***. Elle a (continue-t-on) pour fournir à sa dépense, un grand Seigneur & un riche Financier. Les affaires du prémier sont déjà fort en désordre, depuis qu'il la connaît. On espère qu'elle ne tardera point à achever sa ruine ; & qu'elle le renverra ensuite.

de peines, à trop de soins, à des infom-
nies qui (avec ce qu'elles ne font déjà pas
bien portantes) (car il eft du bel air pour

Cinquante mille chevaux & cent mille grands valèts
infolens, font emploïés pour fervir au luxe & à la
débauche de cette vafte Capitale; tandis que nos terres
incultes ou mal cultivées, ne produifent que le quart
de ce qu'elles doivent produire, faute de bêtes &
de bras propres à les mettre en valeur. *O tempora! ô
mores!* Ce défordre, ce fafte fi préjudiciables, avaient-
ils lieu dans l'ancienne Rome? Etaient-ils connus
du tems de Caton, de Fabricius, de Regulus? L'étaient-
ils même dans l'ancienne Gaule, & du tems de nos
ancêtres?

> Non ita Romuli.
> Præfcriptum & intonfi Catonis,
> Aufpiciis, veterumque normâ.   Horat. *lib. I L.*

On ne doit point borner fa critique fur le luxe, aux
feules femmes fur le trottoir de la haute galanterie,
ni aux feules perfonnes que leur nouvelle fortune
(n'importe comment acquife) met à portée de le pratiquer; & qui croient relever la baffeffe ou l'équi-
vocité de leur extraction, par un éclat emprunté.
Celles qui brilleraient affés, en fachant feulement
foutenir avec modeftie, la gloire de leurs aieux,
donnent fouvent dans les excès de ce genre, au détriment même de leur état, au préjudice de leurs enfans, auxquels elles finiffent par ne laiffer qu'un grand
nom, qui devient à charge, quand il neft pas foutenu
par la fortune, indifpenfable pour en faire valoir les
prérogatives.

une femme de ne se jamais bien porter)
les rendraient absolument malades. Ne
fûssiés-vous occupé qu'à cela du matin au
soir, vous ne parviendrés pas à leur faire
entendre que la Nature les aïant fait mères,
a prévu qu'elles avaient tout ce qu'il fallait
pour l'être entièrement.

Elles font trop faibles & trop délicates
pour soigner & pour allaiter elles-mêmes
leurs enfans. Eh! faut-il moins de forces
pour passer la plupart des nuits à jouer au

La Loi Orchia réglait à Rome jusqu'au nombre des
convives que chacun, selon son état, pouvait inviter
à un festin. La Loi Phannia fixait à cent as au plus,
c'est-à-dire, à cent livres de notre monnoie, la dépense
que pouvait faire quiconque vouloit traiter ses amis;
la Loi Cornelia bornait à une somme plus modique
encore, les frais des funérailles. Nos politiques modernes regarderaient peut-être comme minutieux d'entrer dans ces détails; cependant l'Auteur des Révolu-
tions Romaines, observe avec beaucoup de justesse
que ces sages Réglemens suivis avec ponctualité,
maintenus avec fermeté par les gens chargés de
veiller à leur exécution, ont fait le bonheur & la
sûreté de la république; qu'ils ont le plus contribué
à sa grandeur & à sa puissance.

tri.

tri, au *médiateur*, au *wish*, à danser, ou à d'autres plaisirs plus criminels.

Je desirerais bien qu'un Médecin habile & éloquent, voulût donner quelques momens de ses loisirs à la composition d'un Livre, où seraient détaillés tous les risques que les mères courent, en ne nourrissant point elles-mêmes leurs enfans; & tous ceux auxquèls elles exposent ces pauvres enfans, en les confiant à des soins étrangers. La crainte d'une espèce de lépre, qu'on se met dans le cas par cette seule raison, de voir se répandre sur une belle peau, qu'on admire soi-même; mais qu'on est encore bien plus jalouse & plus glorieuse d'entendre admirer par les autres; celle de l'enlaidissement subit & total d'une figure dont on est idolâtre; qu'on tâche d'entretenir dans toute sa beauté & dans sa fraîcheur, avec d'autant plus d'art & de mignardise (comme dirait le bonhomme Montaigne) qu'on reconnaît avec raison, qu'à elle seule font presque toujours dûes, les adorations qu'on reçoit journellement: La menace de la perclusion du bras le

C

mieux coupé, de la jambe la plus déliée & la mieux faite; celle même de ſe voir ſouvent à la fleur de ſon âge, privée de l'uſage de toutes les parties du corps, & conſéquemment des jouiſſances de tout genre: toutes ces choſes, dis-je, qui peuvent réſulter, & qui réſultent fréquemment d'un lait répandu, en impoſeraient peut-être à nos Dames, étant dites avec force. La peur & la raiſon pouraient les déterminer à entreprendre de s'acquitter d'un devoir indiſpenſable, dont le plaiſir & la paſſion les détournent, peut-être éncore plus qu'un uſage abuſif, & que de prétendues bienſéances.

Il n'y a point de doute que l'acquît de ce devoir ſacré, ne méritât aux femmes les plus grands égards dans la Société civile; ſpécialement aujourd'hui qu'elles ont prèſque toutes ſecoué le joug des ſoins & des occupations, par leſquelles elles pouvaient y devenir utiles. Ne pourrait-on pas dire en effet, par rapport à grand nombre de femmes de nos jours, qu'elles ne ſont que de belles charges, ſ ouventaccablantes même, pour ceux qui les possèdent ; & dont les possésseurs se déferaient volontiers & à bon compte, pour remettre ou pour bonifier leurs affaires ? Je ne parle ici que de celles qui ont les défauts de leur sexe, sans en avoir les bonnes qualités.

Combien d'avantages n'en résulterait-il pas à la fois ; si comme les anciennes Romaines, nos Dames Françaises pouvaient prendre le goût d'élever elles-mêmes leurs enfans ; & seulement le saisir avec autant d'avidité qu'elles saisissent une coëffure ou une mode nouvelle ; sur-tout si ce goût pouvait se perpétuer ? Avantages pour l'État : la population en serait beaucoup plus nombreuse & plus solide. On verrait bien moins d'enfans mourir à nourrices, parce que le plus grand nombre de ceux qui y meurent, n'y meurent que faute de soins, ou faute d'une nourriture propre : la plupart de ceux-là, dis-je, vivraient infailliblement, étant nourris & soignés par leurs mères. Non-seulement ils vivraient comme enfans, mais ils deviendraient hommes ; & parmi eux se perdent peut-être les citoiens, qui feraient les plus utiles à la patrie, très-en droit fans doute de s'en plaindre aux mères, & de leur reprocher cette perte.

Avantages pour les enfans. Devenus hommes, ils feraient fans contredit tous fains, plus vigoureux, plus propres à l'éducation morale. Ils en feraient encore incomparablement plus attachés à leurs mères, & en général, à leur famille.

Avantages pour les mères. Elles ne courraient point les rifques innombrables, dont je parlais il n'y a qu'un inſtant. Elles ne feraient point expofées à mille maladies qui les menacent, par la feule raifon qu'elles dérangent l'ordre de la Nature. Combien ne voit-on pas de femmes qui, échappées à tous les accidens dans leur jeuneſſe, périſſent au retour de leur âge, par quelque caufe attribuable à la tranfgréſſion de cet ordre? Combien n'en meurent-ils pas depuis quarante - cinq jufqu'à cinquante ans? Combien qui, à dater de cet âge, ne ménent plus qu'une vie languiſſante & douloureufe, & pour cette feule tranfgréſſion.

Parmi les hommes, s'ils étaient tous nourris par leurs mères, il y aurait incomparablement moins de valétudinaires, d'estropiés, d'inutiles, souvent à charge même, tant au corps civil, qu'à leurs familles, à cause de leur compléxion faible, de leur conformation vicieuse & difforme. On ne voit dans nos campagnes, sur-tout un peu éloignées de Paris, prèsque pas de boiteux, de boffus, de bancaux, &c. & l'impéritie des matrônes seule, est la vraie cause de prèsque tous les vices de constitution qu'on y remarque. Ces matrônes ignorantes ont souvent, tant dans les accouchemens que dans ses suites, des systêmes & des procédés qui révoltent tout-à-la-fois le bon sens & la Nature. C'est la première venue qui en fait les fonctions dans nos villages. Elles ne savent point un mot de ce qu'elles ont à faire. Il serait bien à desirer qu'au moins elles fussent instruites de ce qu'elles ne doivent point faire. L'accouchement est quelque chose de naturel. Les bêtes mettent au monde leurs petits, sans le secours des autres bêtes. Les Vivandières, les femmes de Soldats, accouchent ſouvent en route, ſur des charriots de bagages, expoſées à la grêle, aux vents, à la gelée; enveloppent leurs enfans dans leur tablier, & ne diſcontinuent leur route ni ce jour-là, ni les ſuivans. Une Sage-Femme n'a donc rien ou preſque rien à faire dans les accouchemens ordinaires; mais ſi elles ſont preſqu'inutiles à la mère, elles le ſont encore bien davantage à l'enfant. Il eſt bien, tel que la Nature l'a produit; & je dirai, avec le Citoïen de Genève, qu'il eſt non-ſeulement abſurde, mais même très-dangereux de lui laiſſer paîtrir la tête au ſortir du ſein de ſa mère; comme le font beaucoup de ces matrônes inſenſées, pour donner à cette tête une forme convenable. Ces matrônes ont encore, tant par rapport aux mères qu'aux enfans, d'autres maximes peut-être auſſi ridicules & nuiſibles que celles-ci. Voilà pourquoi je dis qu'il faudrait qu'elles fûſſent au moins inſtruites de ce qu'elles ne doivent pas faire.

Paris eſt plein d'enfans dont le corps en zig-zag, dont la conſtitution vicieuſe,

& souvent la compléxion, embarraffent, on ne peut plus les parens, fur ce qu'ils pourront en faire, quand ils feront hommes. Qu'en feront-ils effectivement? Ce qu'on a fait de ceux qui les ont précédé, & qui étaient dans le même cas. Ils ne peuvent pas les laiffer dans le monde. Ils n'y font bons à rien; & ne fauraient s'y avancer. On les deftine, & très - fouvent malgré eux, au fervice des Autels. Eh! combien d'in-convéniens, pour ne rien dire de plus, de-viennent les fruits de cette coupable vio-lence.

Si les femmes nourriffaient elles-mêmes leurs enfans, il en réfulterait encore de très - grands avantages pour la for-tune & le foutien des familles. Les foins férieux qu'exigerait d'elles ce précieux emploi, les retiendraient à la maifon; les diftrairaient de mille futilités; les feraient revenir de mille dépenfes folles; & leur éviteraient mille occafions dangereufes pour leur vertu. Le plaifir qu'elles pren-draient à ces fonctions; la fatisfaction in-térieure & pure qu'elles goûteraient bien-tôt en s'en acquittant, ne tarderaient guère à paraître, pour celles qui ont conſervé des ſentimens de ſageſſe & d'honneur, incomparablement au-deſſus des charmes trompeurs d'une vie trop diſſipée & tumultueuſe. Elles ſe feraient inſenſiblement l'agréable habitude d'une vie modérée & tranquille, qui ne pourrait jamais être ſuivie d'aucuns remords. On les verrait bientôt préférer leurs maiſons à ces ſalles d'aſſemblées ou de ſpectacles, écueils trop fréquens de la conduite & des mœurs ; par les exemples de dérangement & de débauche qui s'y rencontrent. Elles s'achemineraient encore ainſi peu à peu, à ſe mêler de ce qui ſe paſſe chés elles ; à en devenir les économes ; à veiller ſur leurs Domeſtiques ; à régler leurs dépenſes ; enfin, à devenir ſoigneuſes des intérêts communs : & par tout cela, elles deviendraient encore bien plus chères, bien plus précieuſes à leurs époux, qui vraiſemblablement, ſeraient bientôt eux-mêmes plus attachés à leurs maiſons, bien moins diſſipés, plus aſſidus à leurs affaires, tant du dedans que du dehors (1); d'où réſulterait conſéquemment auſſi un avantage très grand pour beaucoup de ménages, dans leſquels ſe rétabliraient par-là, la paix, l'harmonie & la concorde ſi eſſentielles. On verrait moins de fortunes ſe délabrer. Les affections & les ſentimens naturels ſeraient maintenus dans les cœurs. Les pères & mères auraient bien plus de tendreſſe pour leurs enfans; & les enfans

---

(1) Bien des femmes en France peuvent & doivent s'en prendre à elles-mêmes de la diſſolution & du libertinage de leurs maris. Ce ſont ſouvent des effèts nécéſſaires du talent qu'elles ont eu de leur faire déteſter leurs maiſons, ou par le défaut d'ordre qu'ils y ont obſervé, ou pour d'autres cauſes que je dirais bien ſi je voulais. Celle qui vient uniquement de ce que les mères ne nourriſſent point leurs enfans, n'eſt pas une des moindres. Elle fait, comme le remarque un Philoſophe de nos jours, que la Nature s'éteint dans tous les cœurs; & qu'il n'y a plus ni pères ni mères, ni enfans, ni frères, ni ſœurs: que tous ces gens-là ne ſe connaiſſent qu'à peine, qu'ainſi ils ne ſauraient s'aimer. Les maiſons, loin d'avoir un air vivant, ne ſont que de triſtes ſolitudes. Il faut bien que les maris aillent s'égaïer ailleurs. D'un autre côté, on eſt obligé de convenir que, ſi bien des femmes ſont cauſe du dérangement de leurs maris, il y a auſſi beaucoup d'hommes qui ſont cauſe du déſordre de leurs femmes.

bien plus de piété pour leurs pères &
mères. Les frères & les ſœurs s'entr'aime-
raient: ils connaîtraient la force des liens
du ſang; tandis qu'ils ſe voient avec indifférence, aïant été nourris & élevés au-
dehors, ſéparés les uns des autres. En un
mot, prèſque tout l'ordre moral eſt détruit
par cette ſeule dépravation; & conſéquemment le plus grand mal découle de cette
ſource.

On ſe perſuaderait difficilement la différence qu'il y a entre l'amour de la même
mère pour les enfans qu'elle a nourris &
pour ceux qu'on a mis à nourrices.

J'ai vu pluſieurs femmes honnêtes, ſe
reprocher très-ſérieuſement à elles-mêmes
cette différence injuſte, qui ſouvent tourne
au plus grand détriment phyſique & moral
des enfans; dont l'œil très-clairvoïant,
s'apperçoit facilement des prédilections; &
en conclud preſque toujours à une haine
irréconciliable, tant contre leurs frères &
ſœurs, que contre leurs parens. Je dis que
contre leurs parens en général; car ce n'eſt
point ſeulement la mère qui prodigue ſes

amitiés & fes carréffes aux enfans qu'elle
a nourri; tandis que d'autres, qui lui appar-
tiennent également; mais qu'elle n'a point
nourri, n'en effuient fouvent que de rebu-
fades & des duretés: le père & tout le refte
de la famille en ufent de même; & ces
iniques procédés, prèfqu'involontaires chés
ceux qui les exercent, ne font pas moins
que ceux au détriment de qui ils font fuivis,
fe trouvent chés eux, au fein de leur famille, pires que de petits étrangers, qu'on
aurait retiré par charité; parce que ceux ci
ne fe fentant aucun droit pour prétendre
aux mêmes careffes que les enfans de la
maifon, ne feraient pas fondés à une jaloufie,
qui fe trouve naturelle chés les autres; &
qui avec l'âge, produit ¡prèfqu'infailliblement des effèts funeftes.

Veut-on favoir pourquoi cette Capitale eft
peut-être l'endroit du monde où fe rencontre
le plus rarement cette tendreffe parfaite &
mutuelle, qui doit naturellement fe remar-
quer entre les enfans & ceux de qui ils ont
reçu l'être? D'où vient cette indifférence
pour toute confanguinité? Pourquoi grand

nombre d'enfans, n'y manquent pas feulement de cette piété filiale à laquelle ils font tenus; mais qu'à mefure qu'ils grandiffent, ils perdent même fouvent pour leurs parens, jufqu'aux moindres fentimens de réfpèct & de confidération? La caufe première de ce déréglement de cœur, vient de ce que j'ai dit ci - deffus. Deux autres caufes fe joignent encore à celle-ci: l'une le mauvais éxemple qu'ils voient affés communément dans leurs maifons paternelles; l'autre, la mauvaife éducation primitive qu'ils y reçoivent, & dont je parlerai dans une Differtation particulière. Comme il eft impoffible de fuppofer des enfans fans pères & mères, dans l'ordre phyfique ; il eft également impoffible, dans l'ordre moral, de préfumer des fentimens d'enfans où il ne fe trouve point de fentimens de pères & de mères. Ces deux correlatifs ne vont jamais que d'accord. Point de pères & mères, point d'enfans, point de neveux; point de famille.

Il eft on ne peut plus rare, parmi les autres efpèces d'animaux, que leurs petits aient d'autres nourrices que celles qui les ont mis au monde. Il n'y a que dans le feul cas de mort de fa mère, qu'un jeune agneau devient quelquefois le nourriffon d'une chèvre; un jeune bouc, celui d'une brebis; un petit chien, celui d'un chat; ainfi des autres. La Nature uniforme & conféquente fur cet objèt, comme fur tous les autres, n'a pour rien, deux fortes de Lois. Quelque faible que vous fuppofiés une mère, la nourriture qu'elle donne à fon fils naiffant, étant proportionnée à la compléxion de cet enfant, lui vaut mieux, que celle qu'il pourrait recevoir de toute autre femme. « Que les mères daignent » nourrir leurs enfans, les mœurs vont fe » réformer d'elles - mêmes, les fentimens » de la Nature fe réveiller dans tous les » cœurs: l'Etat va fe peupler. Ce prémier » point, ce point feul va tout réunir ». Alors l'inftitution des enfans fe réformera auffi prefque d'elle - même; comme je le prouverai clairement en parlant de l'éducation primitive: & elle deviendra bonne; parce que les prémiers foins corporels qu'auront pris de leurs enfans, des mères qui leur feront attachées, les porteront infailliblement à d'autres ſoins ; qu'elles ne tarderont pas à reconnaître comme infiniment plus précieux encore, que ceux-là Les pères de familles ne tarderont pas de leur côté, à vouloir entrer pour leur part, & aider leurs reſpectables épouſes dans ces mêmes ſoins. Il eſt vrai que le grand nombre des pères & mères ſentiront d'abord leur inſuffiſance pour pouvoir s'en mêler avec fruit. Laiſſés faire : l'amour, la tendreſſe, font tous les jours que les hommes ſe ſurpaſſent eux-mêmes. Ils ne tarderont pas à être inſtruits ; quand ce véhicule puiſſant les engagera à vouloir le devenir. Dès la ſeconde génération, les ſentimens feront pouſſés à leur plus grande énergie, & les Arts à leur plus haut dégré de perfection. Oh la prompte & belle marche ! C'eſt dommage qu'elle ne ſoit qu'idéale ! au moins eſt-elle ouverte, & droite pour ceux qui voudront la ſuivre.

C'eſt ſpécialement à Paris, & pour les petits comme pour les grands que ce pernicieux ufage de faire élever leurs enfans par des nourrices gagées, eft prèfque généralement fuivi. C'eft-là fur-tout, où dès qu'une mère a mis au monde, on lui ôte auffi-tôt fon fruit pour le confier à une mère factice de dix, vingt, trente, quarante lieües de la Capitale. Au refte, l'arrêt de ce pauvre petit être, fe trouvant irrévocablement prononcé; étant condamné à un éxil barbare par fes père & mère, dès l'inftant de fa naiffance, & fans avoir pu aucunement le mériter; j'aime encore mieux pour lui, à qui je m'intéreffe vivement, par la raifon qu'il eft mon femblable, & que je le vois malheureux, fans s'être attiré fes malheurs; j'aime encore mieux, dis-je, qu'il foit exilé loin, que près de cette Babylone proftituée; dont les alentours font infectés d'une contagion, qui a pris fa fource dans le libertinage & la dépravation des mœurs. En effèt, fi, felon l'opinion des plus habiles Médecins & Chirurgiens de Paris, il ne fe trouve pas dans cette Capitale & dans fes environs, fur-tout parmi les Ouvriers, Manœuvres, Valets & autres gens du peuple, peut-être deux hommes ſur dix, qui ſoient véritablement ſains; que peut-on penſer des femmes de tous ces gens-là, parmi leſquelles ſe prennent les nourrices? Leur confier des enfans, n'eſt-ce point riſquer de les jetter dans la fange du ſiécle; les expoſer à être accablés de maux infâmes, qui ſont la juſte punition des paſſions ſâles; eux dont l'âge tendre eſt bien éloigné de celui où on peut ſe mettre dans le cas de mériter ce châtiment, & de celui où on peut en expier impuné-ment la peine : je veux dire, ſans qu'il en réſulte ou la mort, ou des accidens funeſtes pour tout le reſte de la vie.

Ces maux honteux, ſi communs dans la Capitale & dans ſes environs, étaient à peine connus il y a trente ans, dans nos campagnes, à quelque diſtance de Paris. Ils y ſont encore aujourd'hui moins fréquens; & c'eſt pour cela que je les conſeillerais, par préférence, aux parens, pour y envoïer leurs enfans à nourrices. Qu'ils ne ſe per-ſuadent cependant pas que ces enfans ainſi éloignés d'eux, vont tous être au moins

à l'abri

à l'abri de ce poison si pernicieux, ils se tromperaient. Le luxe qui a dévasté ces campagnes des bras les plus nerveux & les plus propres à en maintenir la bonne culture (1) ; ce même luxe qui en fait sortir les hommes les plus robustes & les plus forts, pour les amener à la Capitale y figurer lâchement & sans honte, dans un anti-chambre ou derrière un carrosse, est cause que beaucoup de nos cabanes campagnardes, sont aujourd'hui infectées de cette corruption, pour elles d'autant plus funeste encore, qu'elles sont dépourvues des secours de l'art, qui peut la guérir ou en arrêter les progrès. Ces jeunes gens, grands & vigoureux, que l'envie de sortir de leur état (dans lequel le Gouvernement

---

(1) On observe, dans le Village où je suis né, que les terres excellentes pour le sol, ne produisent pas, à beaucoup près, autant qu'autrefois. La raison en est facile à trouver. Ces terres étaient autrefois cultivées à fond ; elles ne sont aujourd'hui qu'égratignées sur la superficie. Il n'y a presque que des femmes dans ce Village : tous les hommes viennent se faire Laquais à Paris.

D

devrait peut-être les retenir) a amené à
Paris, pour y être Laquais; ne s'y endor-
ment point toujours dans une parfaite con-
tinence d'eſprit & de corps; que leur conſtitution, jointe à la bonne nourriture, au
déſœuvrement & au bien-être dont ils
jouiſſent, ſont fort loin de rendre même
préſumable. Dépourvus de principes aſſés
forts pour pouvoir ſe garantir, & d'expérience ſur les dangers auxquels ils s'expoſent;
le prémier bourbier qui ſe préſente, eſt celui
dans lequel les entraîne l'impétuoſité de
leurs paſſions. Quelqu'autre motif, où ſouvent la vanité ſeule de pouvoir ſe montrer
dans leur village ſous un bel habit, les y
ramène de fois à autre. Ils y communiquent,
autant qu'ils le peuvent, le venin ravageur,
qui ſouvent s'y eſt introduit encore par les
nourriſſons mal-ſains, que les femmes ſont
venues chercher à Paris. De-là les riſques.
Au reſte, ſi l'expoſition des dangers, tant
pour les enfans que pour celles qui les
mettent au monde, pouvait faire revenir
les parens de la barbare coutume d'envoïer leurs enfans à nourrices, combien

ne pourrait-on pas encore leur en mettre sous les yeux, outre ceux déjà énoncés.

« Ces douces mères, dit un Auteur mo-
» derne, qui débarrassées de leurs enfans,
» se livrent gaiement aux plaisirs & aux amu-
» semens de la ville, savent-elles cependant
» quel traitement l'enfant dans son *maillot*
» reçoit au village? » Cet article du maillot
me paraît mériter presque seul une dissertation particulière. Il fera le principal objet de
la suivante. J'en reviens aux réflexions judi-
cieuses de l'Auteur ci-dessus. « Au moindre
» tracas qui survient, continue-t-il, on le
» suspend à un clou, comme un paquet
» de hardes; & tandis que (sans se presser,
» la nourrice vaque à ses affaires) le mal-
» heureux reste ainsi crucifié. Tous ceux
» qu'on a trouvés dans cette situation
» avaient le visage violet: la poitrine for-
» tement supprimée, ne laissant pas circuler
» le sang, il remontait à la tête, & l'on
» croïait le patient fort tranquille; parce
» qu'il n'avait pas la force de crier. J'ignore
» combien d'heures un enfant peut rester
» en cet état, sans perdre la vie; mais

D 2

» je doute que cela puiffe aller fort loin. «

L'abus énorme de fubftituer aux mères des enfans, des mères gagées, s'eft auffi introduit à Rome avec le tems, & y eft devenu plus fréquent à mefure que ce vafte Etat approchait de fa ruine. Jules-Céfar, à fon retour des Gaules, s'appercevant que cette pratique criminelle prenait tous les jours de plus en plus dans la Capitale de fes Etats, aurait (ce me femble) bien mieux fait d'en empêcher les progrès, & même d'y couper abfolument court, s'il eût été poffible, que de la critiquer par une faillie, qui vraifemblablement ne produifit aucun bon effet: *Eft-ce que les Dames Romaines n'ont plus d'enfans à nourrir ni à porter entre leurs bras*, dit-il? *Je n'y vois que des chiens & des finges.* Combien de femmes à Paris, qui, voïant dans un même danger, leurs époux, leurs enfans, leurs pères, leurs mères & leurs chats, leurs chiens, leurs finges ou leurs oifeaux, voleraient au fecours de ces animaux velus & volatils, avant de penfer même fi elles peuvent fauver ou non, ce qu'elles ont de plus cher & de plus précieux dans le monde.

En Turquie, quand un père de famille meurt, on lève trois pour cent de tous ſes biens. On fait ſept lots du reſte. Il y en a deux pour la veuve, trois pour les enfans mâles, & les deux autres pour les filles; mais quand la mère a allaité elle - même ſes enfans, elle tire encore le tiers des cinq lots qui leur reviennent. Je ne ſais trop ce qu'on pourrait faire, ni ſi on pourrait arriver par quelque moïen, à mettre, tant nos Dames que nos Bourgeoiſes Françaiſes: dans la néceſſité d'allaiter elles - mêmes leurs enfans; ou plutôt quand je le ſaurais, je ne le dirais peut-être pas, par la crainte de me mettre à dos ce ſèxe, qui décide de tout dans ma Patrie, & duquel par intérêt pour cette Patrie même, je ne deſire rien tant que de me concilier la bienveillance & le ſuffrage, que je crois parvenir à me mériter un jour. Mais je ſais un expédient infaillible & honnête pour l'amener de lui-même à ce devoir; c'eſt en lui rendant le plus grand ſervice, qui rejaillirait en même temps & ſur nous & ſur les nôtres; qui, produirait mille biens à la fois; qui

D 3

accélérerait de deux tiers le progrès des Arts; qui ferait enfin que dans vingt ans, la France ferait le païs du monde le plus délicieux, & dans tous les genres. J'indiquerai cet expédient facile, dans ma cinquième Differtation, où je me propofe de démontrer en même-tems tous fes avantages. Encore deux mots.

La pratique impie de donner des nourrices aux enfans, a auffi paffé dans nos villes de provinces, & y eft devenu affés fréquente depuis quelque temps; même dans les différens ordres de Citoyens. Elle a plus fait; elle a pénétré dans nos campagnes, où les femmes un peu à leur aife, ont auffi la manie (cela par ton, car en France on trouve du ton par-tout) de dire, & peut-être de croire, qu'elles ne font pas affés fortes pour nourrir. Deux pas de plus dans cette coutume barbare, dans cet abus énorme, & la dépopulation ira grand train. Dès qu'on ceffe de vouloir allaiter fes enfans, on ceffera bientôt de vouloir en faire.

Bien des femmes, tant à Paris qu'ailleurs,

fe rejettent, pour fe fouftraire à ce devoir, fur le nombre & fur la nature de leurs occupations journalières. Je conviens qu'il y a à Paris tels états, tels travaux pour certaines femmes ; qui feraient abfolument incompatibles, avec les foins qu'exige un enfant à la mammelle: mais en bien examinant les chofes, on verra que ces états ne font qu'en très-petit nombre. Qui peut empêcher, par-exemple, les Marchandes de la haute volée de nourrir leurs enfans? Ce n'eft pas le foin du commerce de leurs maris. Elles ne s'en mêlent point. Sera-ce la conduite de leur ménage? Combien y en a-t-il qui ne s'en mêlent pas plus que de leur magafin ou de leur boutique, & qui ne s'occupent qu'à faire les Duchéffes ; emploïant les matinées à leurs toilettes; les après-midi aux jeux, aux promenades, ou aux Spectacles. Ne voilà-t-il pas une vie bien remplie? Femmes, rappellés-vous qui vous êtes; & pourquoi vous êtes... croïés-vous qu'il fera bien facile d'occuper férieufement les enfans de telles mères, aux foins defquelles aura été abandonnée leur éducation primitive, d'où tout dépend? Pour moi, je n'en crois pas un mot.

Venons aux Marchandes du second ordre, qui passent une partie du jour dans leur comptoir à attendre chalans. Est-il impossible encore que celles-ci nourrissent? On a une arrière-boutique: ne pourrait-on pas y mettre un berceau, & dans ce berceau y coucher l'enfant, quand il a envie de dormir pendant le jour; l'allaiter à des heures où on a moins de foule; enfin lui administrer les autres soins de mères? Ah! *il faut toujours l'avoir sur les bras: on ne peut pas servir les pratiques: on est obligé de faire attendre:* il faut l'avoir sur les bras? où est la Loi? où est la raison même qui vous oblige à cette servitude? Vous n'en avés aucune. Réfléchissés-y: vous verrés au contraire avec l'Auteur d'Emile, que l'inaction ou la contrainte ne peuvent que l'empêcher de croître, de se fortifier; qu'altérer sa constitution. Eh! mettés-le sur un tapis lorsqu'il est levé. Qu'il s'y meuve, qu'il s'y roule à son aise! Vous serés presque aussi libre que si vous ne l'aviés pas... Ce n'eſt point un enfant nouveau-né, dirés-vous, qu'on peut abandonner de cette forte à lui - même. Ses membres ſont trop délicats. Qui vous l'a dit encore? Eſt-ce d'après l'expérience que vous raiſonnés, ou ſeulement d'après votre opinion, fondée ſur rien? Croïés-vous que les enfans des Sauvages, qui courent les champs à trois ou quatre mois, ſoient ſouvent ſur les bras de leurs mères? Non, ils ſont comme les petits animaux; élevés en pleine liberté de leurs membres; &, à la différence de vos Nations policées, où il ſe trouve bien des enfans eſtropiés par ceux mêmes qui les remuent ou qui les traitent; on n'en rencontre pas dans ces païs, plus ſenſés que nous ſur cet article.

Quoique j'aie parlé de berceau, j'obſerverai avec J. J. que j'ai voulu uniquement, en me ſervant de ce terme, exprimer mon idée, & nullement faire entendre qu'il faille bercer les enfans. Je deſirerais comme lui, que les petits lits dont j'entends parler ici, fûſſent beaucoup plus larges que les berceaux ordinaires, afin que les enfans pûssent s'y mouvoir à leur aise.

Encore un coup, la Nature! Consultés la Nature sur tout cela, avant de vouloir en raisonner.

Je ne vois, dans toute la Capitale, que les femmes des halles, & quelques autres, obligées d'être hors de chés elles la plus grande partie du jour, qu'on pourrait regarder peut-être, comme dans une sorte d'impossibilité de nourrir leurs enfans. Encore ces enfans, moins suivis chés eux pour les soins, que ceux dont les mères ne sont pas exposées par leur état à être souvent absentes de la maison; le seraient-ils toujours même plus que chés les nourrices. Car, qu'on n'en doute pas, excepté peut-être la seule saison de l'hiver, la plupart de ces nourrices sont hors de chés elles pour le moins autant que les femmes dont je viens de parler.

Enfin, les choses bien examinées, on verra que ce n'est ni la surabondance d'occupations, ni le genre des travaux multillés, qui forcent la plupart des mères à s'exempter de la précieuse charge de nourrir elles-mêmes leurs enfans: on verra que communément les excuses qu'on donne à ce sujèt, sont absolument frivoles, & méritent qu'on y fassent peu d'attention. Que pourrait-ce donc être encore un coup? Un renversement de sentimens, un manque de tendrésse inconcevable, qu'on tâche de cacher le plus qu'on peut, & de légitimer à force de prétextes. Quelle abomination! Que pensés-vous que fera pour la fortune, pour l'état, pour le bien-être de son fils, une indigne mère, qui s'est assés peu embarrassée de la conservation de cet enfant; pour avoir pu sans nécessité, l'abandonner dès l'instant de sa naissance, à l'évidence de mille dangers, auxquels il n'en échappe quelques-uns que par miracles? S'étonnera-t-on d'après cela d'entendre dire; refusera-t-on de croire, qu'à Paris (tant parmi les gens de qualité que dans la roture) des parens très-riches laissent souvent leurs enfans fort pauvres? Combien n'y trouve-t-on pas sur-tout de ces mères dépourvues de tous principes, qui s'imaginent n'être tenues à rien envers leurs enfans; qui croient que c'est bien assés pour elles d'avoir donné l'être à ces enfans qui ne les en priaient pas; & qui se garderaient bien de se priver un seul instant de leurs plaisirs ruineux, d'une fantaisie dispendieuse, dans la vue de leur ménager pour l'avenir, une exis-tence commode ou même supportable. J'en connais plusieurs qui osent impudem-ment se vanter d'avoir dépensé des sommes énormes en bijoux, en repas, pour leurs amusemens; & dont les filles sans dot, ont été réduites à une vie malheureuse, à des mariages mal-assortis, à l'humiliant état de servitude, ou à quelque chose de pis en-core. Verrait - on tant de ces écarts aussi affreux qu'inconcevables; si l'éducation des femmes était suivie? Non, sans doute. Tout le mal, tous les troubles privés & pu-blics proviennent uniquement de l'institu-tion mauvaise de l'un & de l'autre sexe.

Jamais une mère pieuse, une mère tendre, une mère sage, ne se déciderait (sur-tout, si absolument parlant, elle pouvait s'en charger elle-même) jamais elle ne confentirait à voir paffer en d'autres mains, pour l'éle-ver & le foigner, un enfant qui doit natu-rellement faire le plus cher objet de fon affection : jamais elle ne confentirait à voir éloigner d'elle, un fils en qui elle fe fen-tirait difpofée à mettre toute fa ten-dreffe, comme elle le doit. Que d'inquié-tudes n'aurait-elle pas, & toutes des mieux fondées, fi elle y était néceffité par quelque motif indétruifible ? inquiétudes fur la fanté de fon enfant; inquiétudes fur la fanté de la nourrice; inquiétudes fur la fageffe de cette nourrice, tant qu'elle allaitera; in-quiétudes fur fes foins; inquiétudes fur les précautions que cette femme apportera en remuant l'enfant, en le nétoïant, en l'em-maillotant, &c. &c. &c. Elle fait que bien d'autres enfans naturellement fains, ou qu'au moins tout faifait préfumer tels, ont rapporté de chés les nourrices, à qui on les avait confiés, des maladies jufqu'alors in-connues dans leurs familles; un fang vicié & corrompu, capable de faire foupçonner leurs mères d'un défordre fecret (car dans ce païs de libertinage) la rareté des femmes vertueufes, fait douter fur les moindres indices, de la vertu de celles qui en ont le plus. Enfin point de mères qui ne fachent que beaucoup d'enfans à nourrices, y ont fucé de mauvais lait ; que de ce mauvais lait, leur eft réfultée une mauvaife conftitution ; qu'une mauvaife conftitution prife à cet âge, eft on ne peut plus difficile, pour ne pas dire impoffible à rétablir.

On fait tout cela, fans doute ; mais on ne s'y arrête pas plus qu'à mille autres chofes, qui pourraient gêner les paffions. On fe perfuade bien que *l'enfant doit aimer fa mère, avant de favoir qu'il le doit* : on n'ignore pas que les droits du fang ont néceffairement befoin d'être fortifiés par i'habitude & les foins : mais on eft jeune, dit-on. On veut *jouir*. Jouir eft la grande devife. On fe fait de ce terme la plus fauffe idée, en ne l'affectant qu'aux objèts matériels. Vous voulés jouir ?.., vous avés raifon…. Mais n'eft-ce pas *jouir*, que de s'aquitter

de ſes obligations? N'eſt-ce pas *jouir*, que
de jouir de ſa propre eſtime & de celle des
autres? Croïés-vous donc qu'il n'y ait pas
de vraies jouiſſances ſans prévarications?
Que devient la vertu!...

Vous auriés beau crier à perte d'hâleine,
qu'il n'y a pas de plus beau ſein que celui
qui allaite; que la femme la plus aimable
& la plus réſpéctable tout-à-la fois, eſt celle
qui nourrit; vous ne gagnerés rien. Nos
petits-maîtres ſont d'avis contraire au vôtre.
Le ſeul préſſentiment de leur goût, fera
plus que tous vos raiſonnemens. Il décidera
de toutes les actions de nos petites femmes.
Il y a entre ces deux eſpèces mépriſables
(*les petits-maîtres & les petites maîtreſſes*)
un parfait accord d'ignorance, de déraiſon-
nement, de défaut de principes & de ridicules, que rien ne ſaurait déranger. Chaque
individu de ces deux eſpèces nombreuſes,
eſt dépourvu d'âme ainſi que de cervelle;
effèt non douteux de leur éducation fri-
vole & manquée.

Finiſſons cette Diſſertation par une obſer-
vation d'un Philoſophe moderne, qui a

écrit fur cette matière. « J'ai vu quelque-
» fois, dit-il, le petit manége des jeunes
» femmes qui feignent de vouloir nourrir
» leurs enfans. On fait fe faire préffer de
» renoncer à cette fantaifie. On fait adroi-
» tement intervenir les époux, les Méde-
» cins, & fur-tout les mères. Un mari qui
» oferait confentir que fa femme nourrît
» fon enfant, ferait un homme perdu. L'on
» en ferait un affaffin, qui veut fe défaire
» d'elle. Maris prudens, il faut immoler à la
» paix, l'amour paternel. Heureux qu'on
» trouve à la campagne, des femmes plus
» continentes que les vôtres! plus heureux;
» fi le temps que celles-ci gagnent, n'eft pas
» deftiné pour d'autre que pour vous! »

Fin de la feconde Differtation.

Lu & approuvé, ce 12 Mai 1775. Crébillon.

Vû l'Approbation, permis d'imprimer, ce 17 Mai 1775. Albert.

De l'imprimerie de la Veuve Hérissant, Imprimeur, du Cabinet du Roi, 1775.

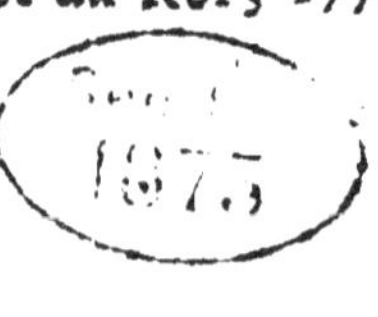